Impressum
Verlag: BABADADA GmbH, Nedderfeld 112 , 22529 Hamburg
Geschäftsführer / Verlagsleitung: Harald Hof
Druck: Books on Demand GmbH, In de Tarpen 42, 22848 Norderstedt

Imprint
Publisher: BABADADA GmbH, Nedderfeld 112 , 22529 Hamburg, Germany
Managing Director / Publishing direction: Harald Hof
Print: Books on Demand GmbH, In de Tarpen 42, 22848 Norderstedt, Germany

学校

die Schule

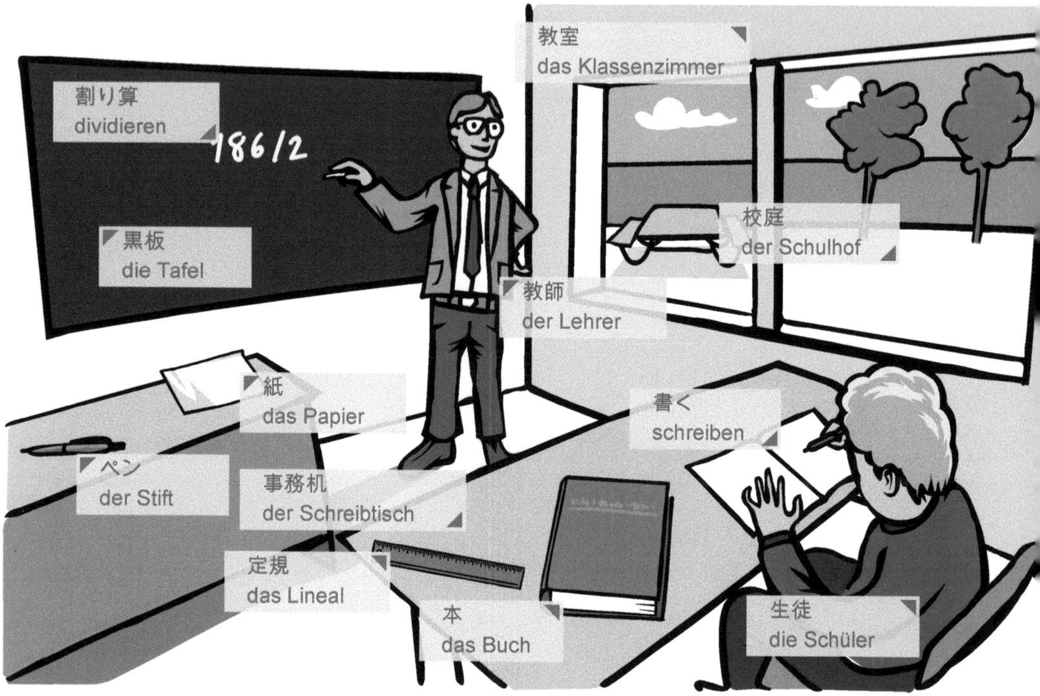

教室
das Klassenzimmer
割り算
dividieren
186/2
黒板
die Tafel
校庭
der Schulhof
教師
der Lehrer
紙
das Papier
書く
schreiben
ペン
der Stift
事務机
der Schreibtisch
定規
das Lineal
本
das Buch
生徒
die Schüler

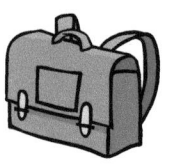

ランドセル

der Ranzen

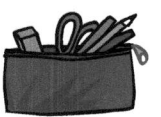

筆入れ

die Federmappe

鉛筆

der Bleistift

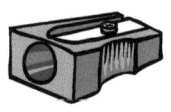

鉛筆削り

der Bleistiftanspitzer

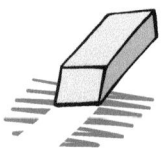

消しゴム

das Radiergummi

スケッチブック

der Zeichenblock

スケッチ

die Zeichnung

絵筆

der Pinsel

絵の具箱

der Malkasten

はさみ

die Schere

接着剤

der Klebstoff

練習帳

das Übungsheft

宿題

die Hausaufgabe

数

die Zahl

足し算

addieren

引き算

subtrahieren

かけ算

multiplizieren

計算する

rechnen

文字

der Buchstabe

アルファベット

das Alphabet

単語

das Wort

学校 - die Schule

3

テキスト

der Text

読む

lesen

チョーク

die Kreide

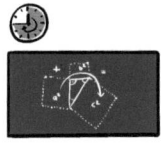

授業

die Stunde

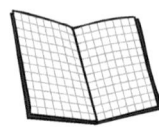

学級日誌

das Klassenbuch

試験

die Prüfung

通知表

das Zeugnis

制服

die Schuluniform

教育

die Ausbildung

百科事典

das Lexikon

大学

die Universität

顕微鏡

das Mikroskop

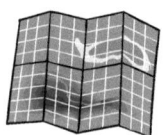

地図

die Karte

ごみ箱

der Papierkorb

旅行

die Reise

ホテル
das Hotel
Grand
ホステル
die Herberge
ROOMS
両替所
die Wechselstube
CHANGE
スーツケース
der Koffer
自動車
das Auto

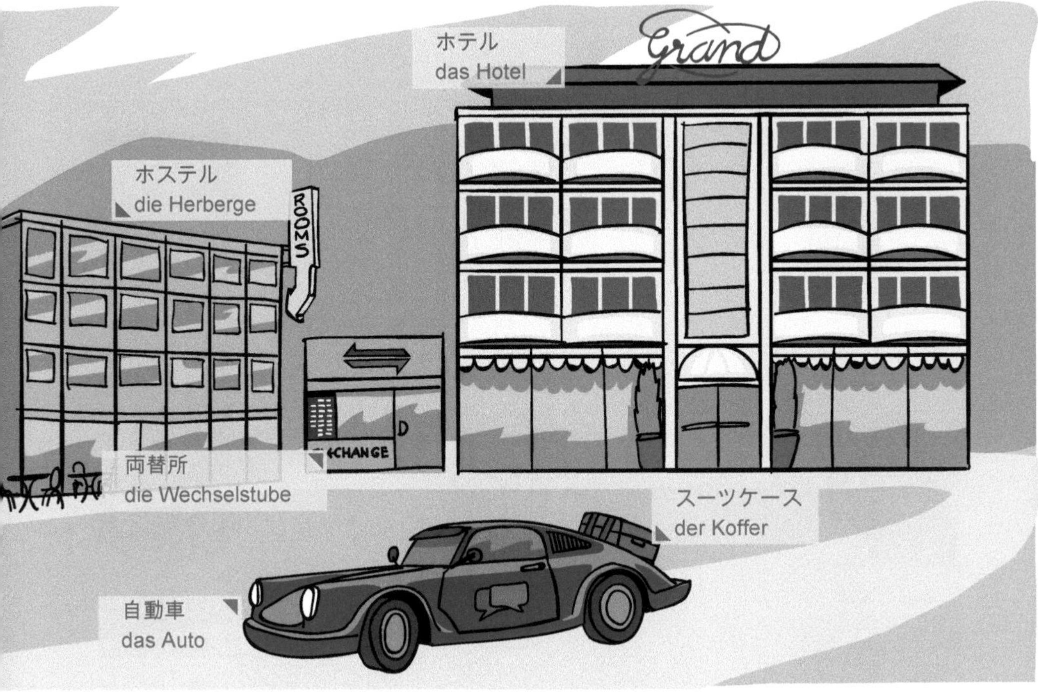

言語

die Sprache

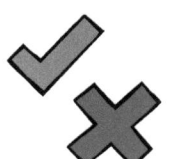

はい / いいえ

ja / nein

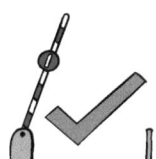

問題ない

Okay

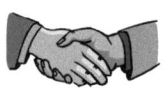

ハロー

Hallo

翻訳者

der Übersetzer

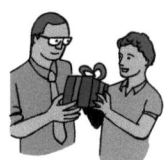

ありがとう

Danke

…はいくらですか？

Was kostet…?

わかりません

Ich verstehe nicht

問題

das Problem

こんばんは！

Guten Abend!

おはようございます！

Guten Morgen!

おやすみなさい！

Gute Nacht!

さようなら

Auf Wiedersehen

方向

die Richtung

手荷物

das Gepäck

バッグ

die Tasche

リュックサック

der Rucksack

お客様

der Gast

部屋

das Zimmer

寝袋

der Schlafsack

テント

das Zelt

旅行者情報

die Touristeninformation

ビーチ

der Strand

クレジットカード

die Kreditkarte

朝食

das Frühstück

昼食

das Mittagessen

夕食

das Abendessen

チケット

die Fahrkarte

エレベーター

der Fahrstuhl

スタンプ

die Briefmarke

境界

die Grenze

税関

der Zoll

大使館

die Botschaft

ビザ

das Visum

パスポート

der Pass

輸送

der Transport

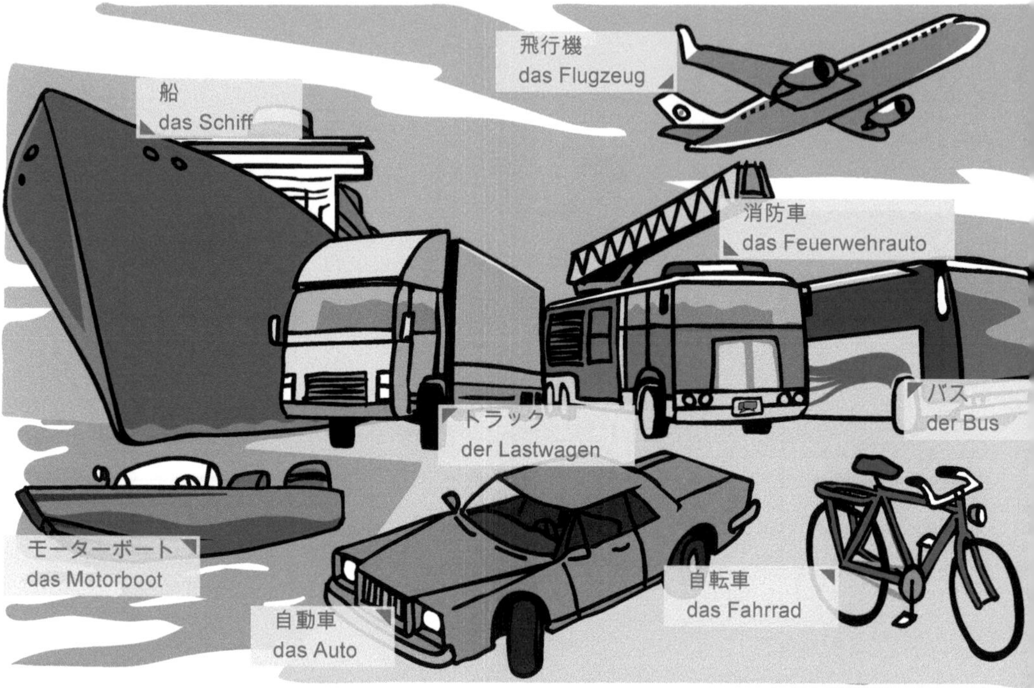

飛行機
das Flugzeug
船
das Schiff
消防車
das Feuerwehrauto
バス
der Bus
トラック
der Lastwagen
モーターボート
das Motorboot
自転車
das Fahrrad
自動車
das Auto

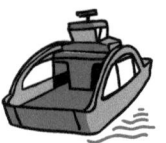

フェリー

die Fähre

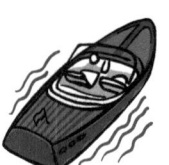

ボート

das Boot

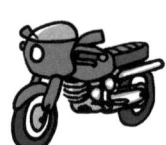

バイク

das Motorrad

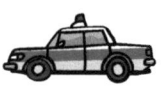

パトカー

das Polizeiauto

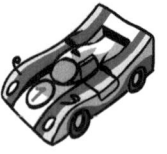

レーシングカー

das Rennauto

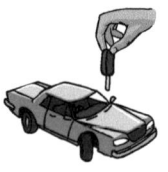

レンタカー

der Mietwagen

カーシェアリング

das Carsharing

レッカー車

der Abschleppwagen

ごみ収集車

das Müllauto

モーター

der Motor

燃料

der Kraftstoff

ガソリンスタンド

die Tankstelle

交通標識

das Verkehrsschild

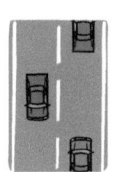

交通

der Verkehr

渋滞

der Stau

駐車場

der Parkplatz

駅

der Bahnhof

道

die Schienen

列車

der Zug

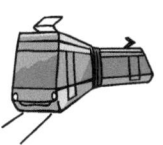

路面電車

die Straßenbahn

車両

der Wagon

ヘリコプター
der Helikopter

空港
der Flughafen

タワー
der Tower

乗客
der Passagier

コンテナ
der Container

段ボール箱
der Karton

カート
der Karren

カゴ
der Korb

離陸 / 着陸
starten / landen

都市

die Stadt

村
das Dorf

都心
das Stadtzentrum

家
das Haus

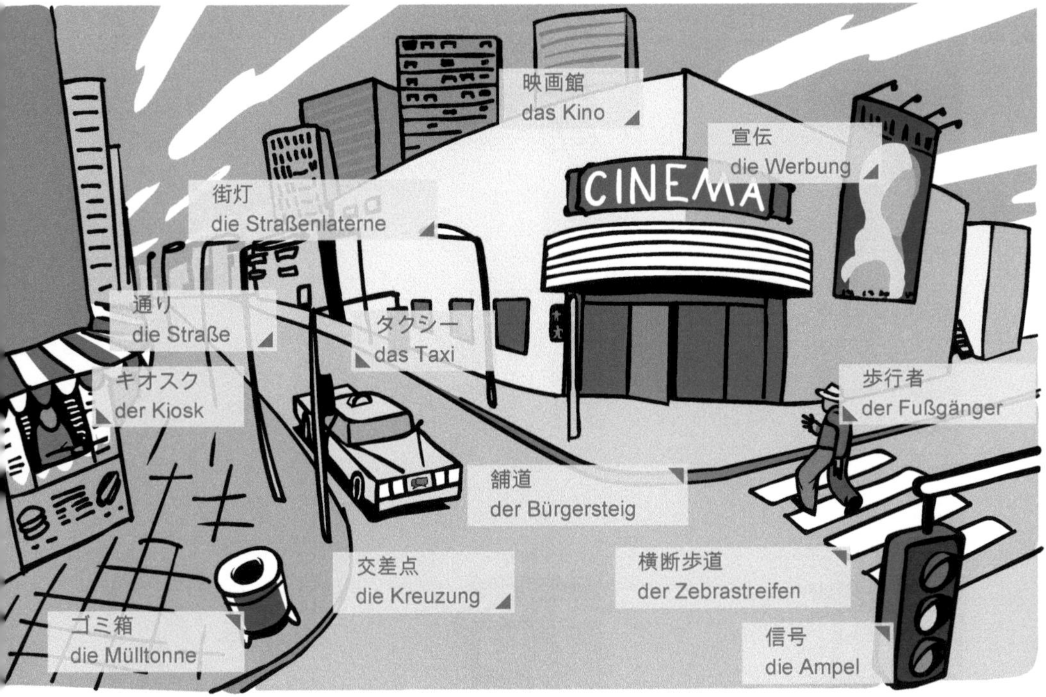

映画館
das Kino

宣伝
die Werbung

街灯
die Straßenlaterne

CINEMA

通り
die Straße

タクシー
das Taxi

歩行者
der Fußgänger

キオスク
der Kiosk

舗道
der Bürgersteig

交差点
die Kreuzung

横断歩道
der Zebrastreifen

ゴミ箱
die Mülltonne

信号
die Ampel

小屋
die Hütte

アパート
die Wohnung

駅
der Bahnhof

市役所
das Rathaus

MUSEUM

美術館
das Museum

学校
die Schule

大学
die Universität

銀行
die Bank

病院
das Krankenhaus

ホテル
das Hotel

薬局
die Apotheke

オフィス
das Büro

書店
die Buchhandlung

ショップ
das Geschäft

花屋
der Blumenladen

スーパーマーケット
der Supermarkt

市場
der Markt

デパート
das Kaufhaus

魚屋
der Fischhändler

ショッピングセンター
das Einkaufszentrum

港
der Hafen

公園
der Park

ベンチ
die Bank

橋
die Brücke

階段
die Treppe

地下鉄
die U-Bahn

トンネル
der Tunnel

バス停
die Bushaltestelle

バー
die Bar

レストラン
das Restaurant

ポスト
der Briefkasten

道路標識
das Straßenschild

パーキングメーター
die Parkuhr

動物園
der Zoo

スイミングプール
die Badeanstalt

モスク
die Moschee

都市 - die Stadt

農場

der Bauernhof

汚染

die Umweltverschmutzung

墓地

der Friedhof

教会

die Kirche

遊び場

der Spielplatz

寺

der Tempel

風景

die Landschaft

葉
das Blatt

道標
der Wegweiser

道
der Weg

草地
die Wiese

ハイカー
der Wanderer

石
der Stein

木
der Baum

川
der Fluss

草
das Gras

花
die Blume

谷
das Tal

山
der Berg

湖
der See

森
der Wald

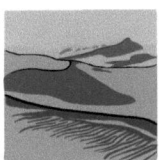

砂漠
die Wüste

火山
der Vulkan

城
das Schloss

虹
der Regenbogen

キノコ
der Pilz

ヤシの木
die Palme

蚊
der Moskito

ハエ
die Fliege

蟻
die Ameise

ミツバチ
die Biene

クモ
die Spinne

風景 - die Landschaft

カブトムシ

der Käfer

蛙

der Frosch

リス

das Eichhörnchen

ハリネズミ

der Igel

ウサギ

der Hase

フクロウ

die Eule

鳥

die Vogel

白鳥

der Schwan

雄豚

das Wildschwein

鹿

der Hirsch

ヘラジカ

der Elch

ダム

der Staudamm

風力タービン

das Windrad

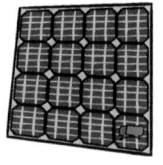

ソーラーパネル

das Solarmodul

気候

das Klima

レストラン
das Restaurant

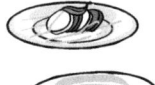

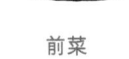

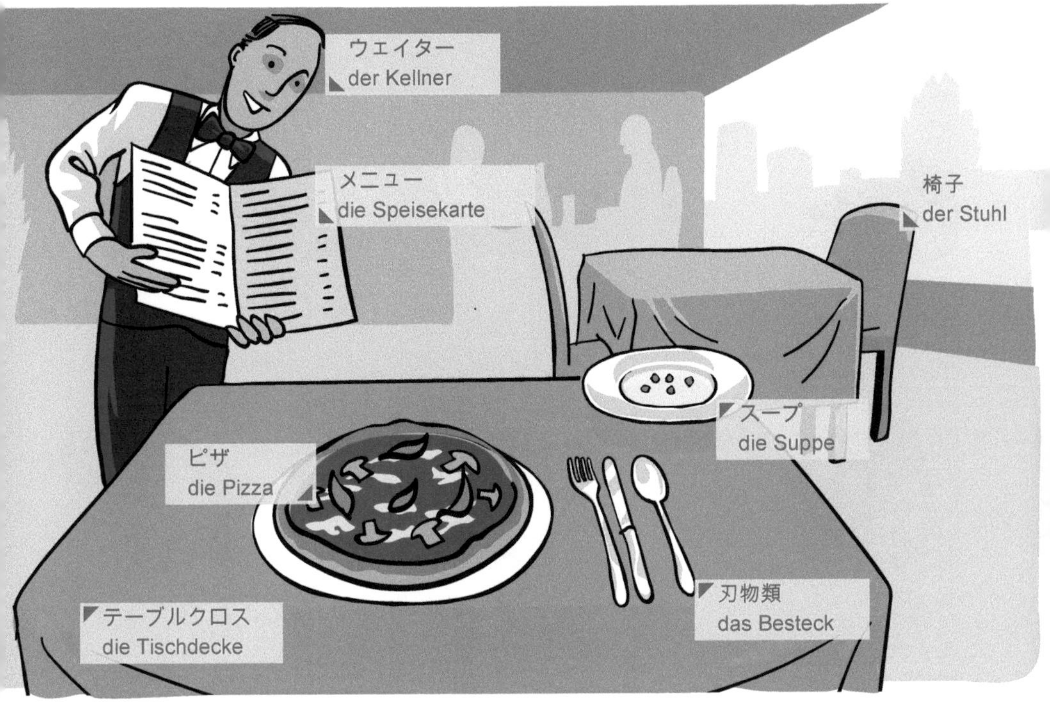

ウェイター
der Kellner
メニュー
die Speisekarte
椅子
der Stuhl
スープ
die Suppe
ピザ
die Pizza
刃物類
das Besteck
テーブルクロス
die Tischdecke

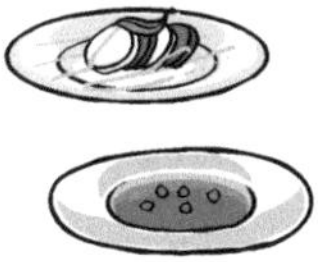

前菜

die Vorspeise

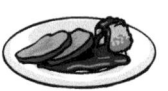

メインコース

das Hauptgericht

デザート

die Nachspeise

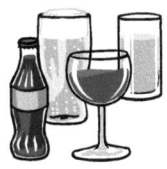

飲み物

die Getränke

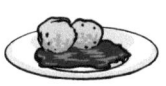

食べ物

das Essen

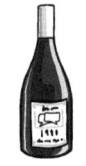

ボトル

die Flasche

ファストフード

das Fastfood

屋台の食べ物

das Streetfood

ティーポット

die Teekanne

砂糖入れ

die Zuckerdose

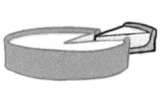

一人前

die Portion

エスプレッソマシン

die Espressomaschine

幼児用食事椅子

der Hochstuhl

請求書

die Rechnung

トレー

das Tablett

ナイフ

das Messer

フォーク

die Gabel

スプーン

der Löffel

ティースプーン

der Teelöffel

ナプキン

die Serviette

グラス

das Glas

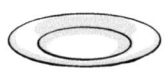

皿
der Teller

スープ皿
der Suppenteller

受け皿
die Untertasse

ソース
die Sauce

塩入れ
der Salzstreuer

ペッパーミル
die Pfeffermühle

酢
der Essig

油
das Öl

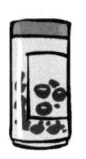

スパイス
die Gewürze

ケチャップ
das Ketchup

マスタード
der Senf

マヨネーズ
die Mayonnaise

スーパーマーケット

der Supermarkt

特価品
das Angebot
FOR
顧客
der Kunde
乳製品
die Milchprodukte
果物
das Obst
ショッピング・カート
der Einkaufswagen

BUTCHERS

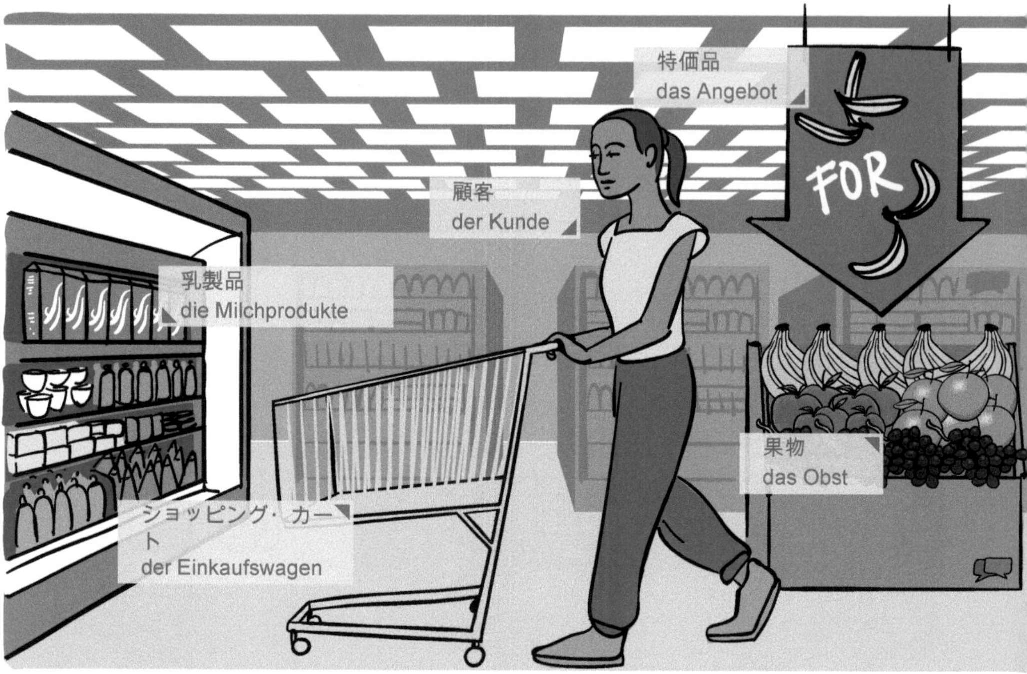

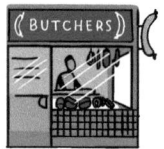

肉屋

die Schlachterei

BAKERY

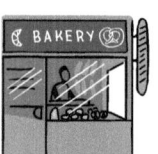

パン屋

die Bäckerei

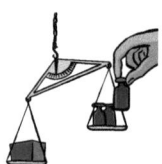

重さをはかる

wiegen

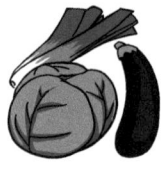

野菜

das Gemüse

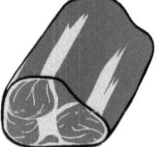

肉

das Fleisch

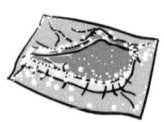

冷凍食品

die Tiefkühlkost

冷肉の薄切り

der Aufschnitt

缶詰食品

die Konserven

洗剤

das Waschmittel

菓子

die Süßigkeiten

家庭用品

die Haushaltsartikel

清掃用品

das Reinigungsmittel

販売員

die Verkäuferin

現金箱

die Kasse

レジ係

der Kassierer

買い物リスト

die Einkaufsliste

開館時刻

die Öffnungszeiten

財布

die Brieftasche

クレジットカード

die Kreditkarte

バッグ

die Tasche

ポリ袋

die Plastiktüte

飲み物
die Getränke

水

das Wasser

ジュース

der Saft

牛乳

die Milch

コーラ

die Cola

ワイン

der Wein

ビール

das Bier

アルコール

der Alkohol

ココア

der Kakao

紅茶

der Tee

コーヒー

der Kaffee

エスプレッソ

der Espresso

カプチーノ

der Cappuccino

バナナ

die Banane

リンゴ

der Apfel

オレンジ

die Orange

メロン

die Melone

レモン

die Zitrone

ニンジン

die Karotte

ニンニク

der Knoblauch

竹

der Bambus

玉ねぎ

die Zwiebel

キノコ

der Pilz

ナッツ

die Nüsse

ヌードル

die Nudeln

スパゲッティ
die Spaghetti

米
der Reis

サラダ
der Salat

フライドポテト
die Pommes frites

フライドポテト
die Bratkartoffeln

ピザ
die Pizza

ハンバーガー
der Hamburger

サンドウィッチ
das Sandwich

カツレツ
das Schnitzel

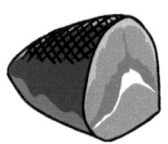

ハム
der Schinken

サラミ
die Salami

ソーセージ
die Wurst

鶏肉
das Huhn

焼き
der Braten

魚
der Fisch

麦のお粥

die Haferflocken

ムーズリ

das Müsli

コーンフレーク

die Cornflakes

小麦粉

das Mehl

クロワッサン

das Croissant

ロールパン

das Brötchen

パン

das Brot

トースト

der Toast

ビスケット

die Kekse

バター

die Butter

カッテージチーズ

der Quark

ケーキ

der Kuchen

卵

das Ei

目玉焼き

das Spiegelei

チーズ

der Käse

食べ物 - das Essen

アイスクリーム

die Eiscreme

砂糖

der Zucker

はちみつ

der Honig

ジャム

die Marmelade

ヌガークリーム

die Nougat-Creme

カレー

das Curry

農場
der Bauernhof

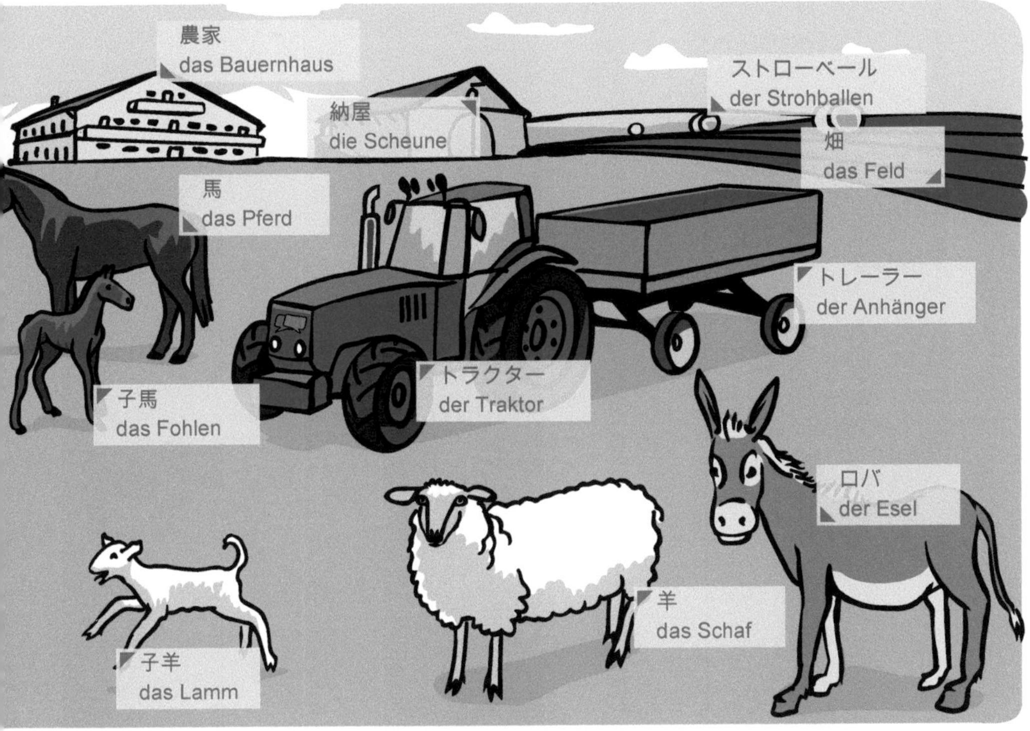

農家
das Bauernhaus
納屋
die Scheune
ストローベール
der Strohballen
畑
das Feld
馬
das Pferd
トレーラー
der Anhänger
トラクター
der Traktor
子馬
das Fohlen
ロバ
der Esel
羊
das Schaf
子羊
das Lamm

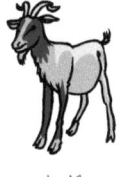

ヤギ
die Ziege

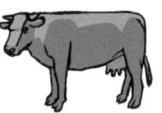

雌牛
die Kuh

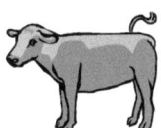

子牛
das Kalb

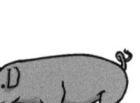

豚
das Schwein

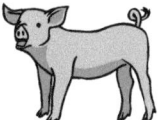

子豚
das Ferkel

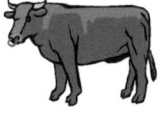

雄牛
der Bulle

ガチョウ

die Gans

アヒル

die Ente

ひよこ

das Küken

にわとり

das Huhn

おんどり

der Hahn

ネズミ

die Ratte

猫

die Katze

ねずみ

die Maus

雄牛

der Ochse

犬

der Hund

犬小屋

die Hundehütte

散水ホース

der Gartenschlauch

じょうろ

die Gießkanne

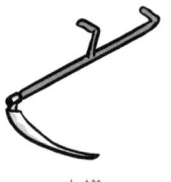

大鎌

die Sense

すき

der Pflug

草刈り鎌

die Sichel

くわ

die Hacke

堆肥用フォーク

die Mistgabel

斧

die Axt

手押し車

die Schubkarre

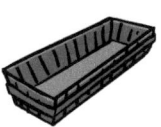

かいばおけ

der Trog

牛乳缶

die Milchkanne

袋

der Sack

フェンス

der Zaun

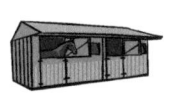

畜舎

der Stall

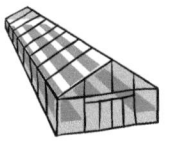

温室

das Treibhaus

土壌

der Boden

種

die Saat

肥料

der Dünger

コンバイン

der Mähdrescher

収穫する
ernten

収穫
die Ernte

ヤマイモ
die Yamswurzel

小麦
der Weizen

大豆
das Soja

じゃがいも
die Kartoffel

トウモロコシ
der Mais

菜種
der Raps

果樹
der Obstbaum

キャッサバ
der Maniok

穀物
das Getreide

家

das Haus

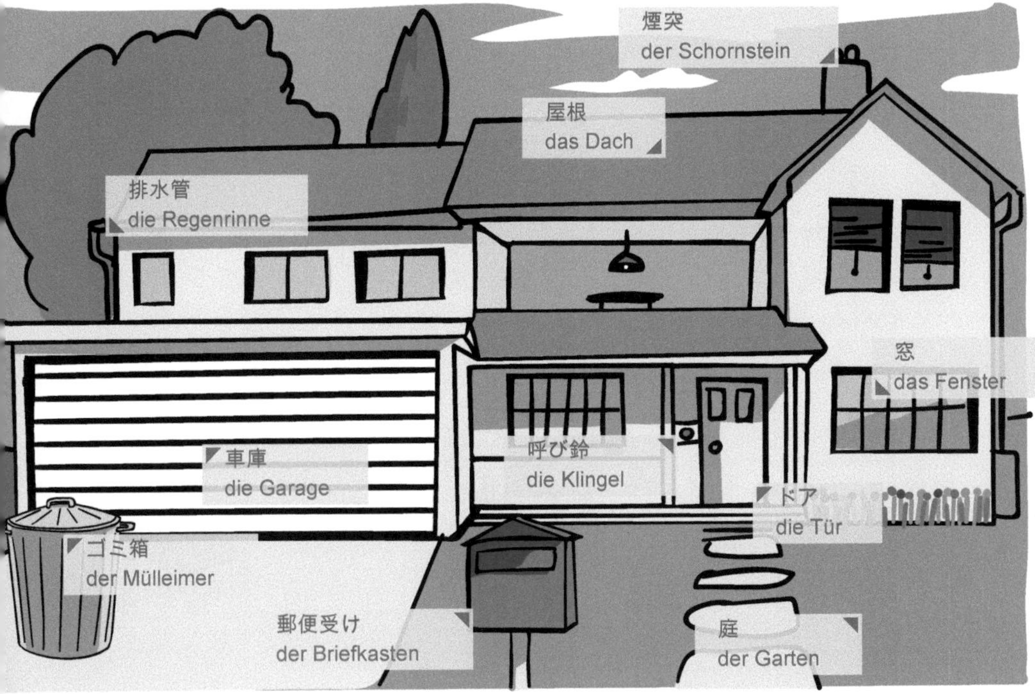

煙突
der Schornstein
屋根
das Dach
排水管
die Regenrinne
窓
das Fenster
車庫
die Garage
呼び鈴
die Klingel
ドア
die Tür
ゴミ箱
der Mülleimer
郵便受け
der Briefkasten
庭
der Garten

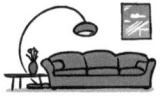

リビングルーム

das Wohnzimmer

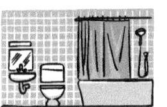

浴室

das Badezimmer

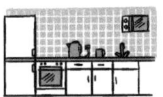

台所

die Küche

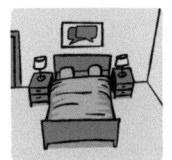

寝室

das Schlafzimmer

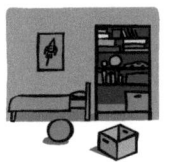

子供部屋

das Kinderzimmer

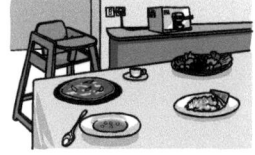

ダイニング・ルーム

das Esszimmer

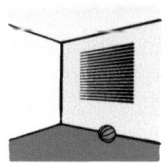

床
der Boden

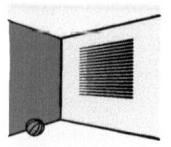

壁
die Wand

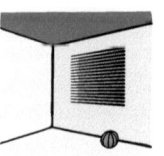

天井
die Decke

地下貯蔵庫
der Keller

サウナ
die Sauna

バルコニー
der Balkon

テラス
die Terrasse

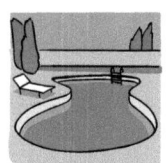

プール
das Schwimmbad

芝刈り機
der Rasenmäher

シーツ
der Bettbezug

ベッドカバー
die Bettdecke

ベッド
das Bett

ほうき
der Besen

バケツ
der Eimer

スイッチ
der Schalter

リビングルーム
das Wohnzimmer

壁紙
die Tapete
絵
das Bild
ランプ
die Lampe
棚
das Regal
食器棚
der Schrank
テレビ
der Fernseher
暖炉
der Kamin
花
die Blume
クッション
das Kissen
ソファ
das Sofa
花瓶
die Vase
リモコン
die Fernbedienung

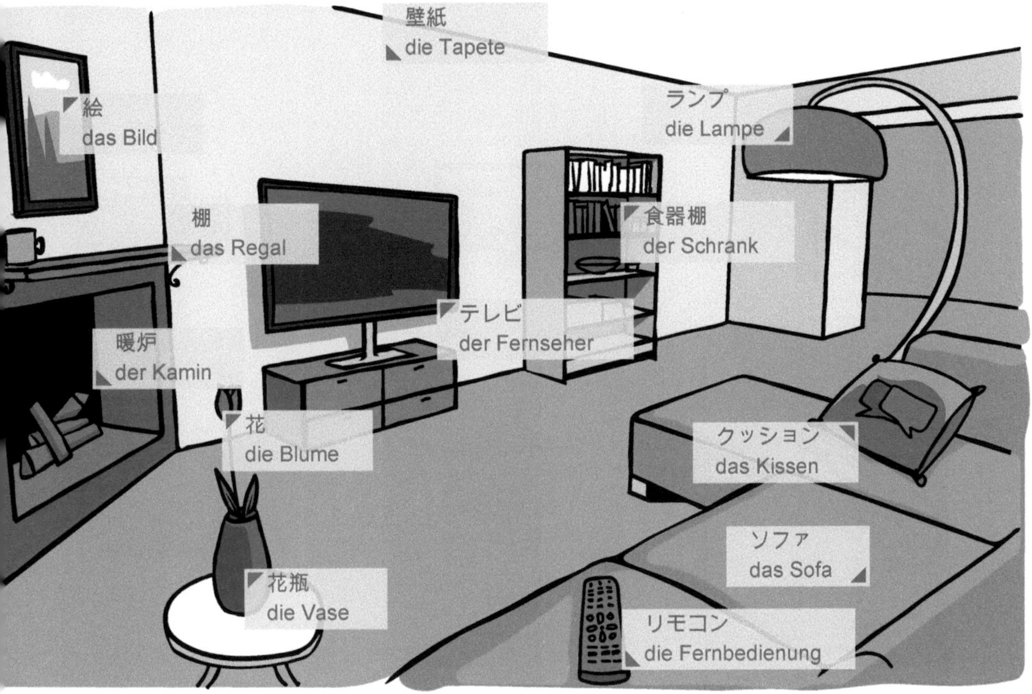

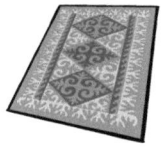

カーペット
der Teppich

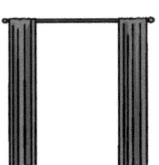

カーテン
der Vorhang

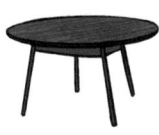

テーブル
der Tisch

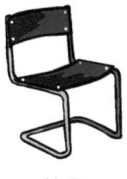

椅子
der Stuhl

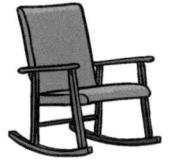

ロッキングチェア
der Schaukelstuhl

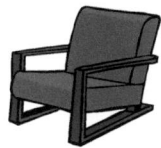

ひじ掛け椅子
der Sessel

本
das Buch

毛布
die Decke

飾り
die Dekoration

たきぎ
das Feuerholz

映画
der Film

ステレオ
die Stereoanlage

鍵
der Schlüssel

新聞
die Zeitung

絵画
das Gemälde

ポスター
das Poster

ラジオ
das Radio

メモ帳
der Notizblock

掃除機
der Staubsauger

サボテン
der Kaktus

ろうそく
die Kerze

台所
die Küche

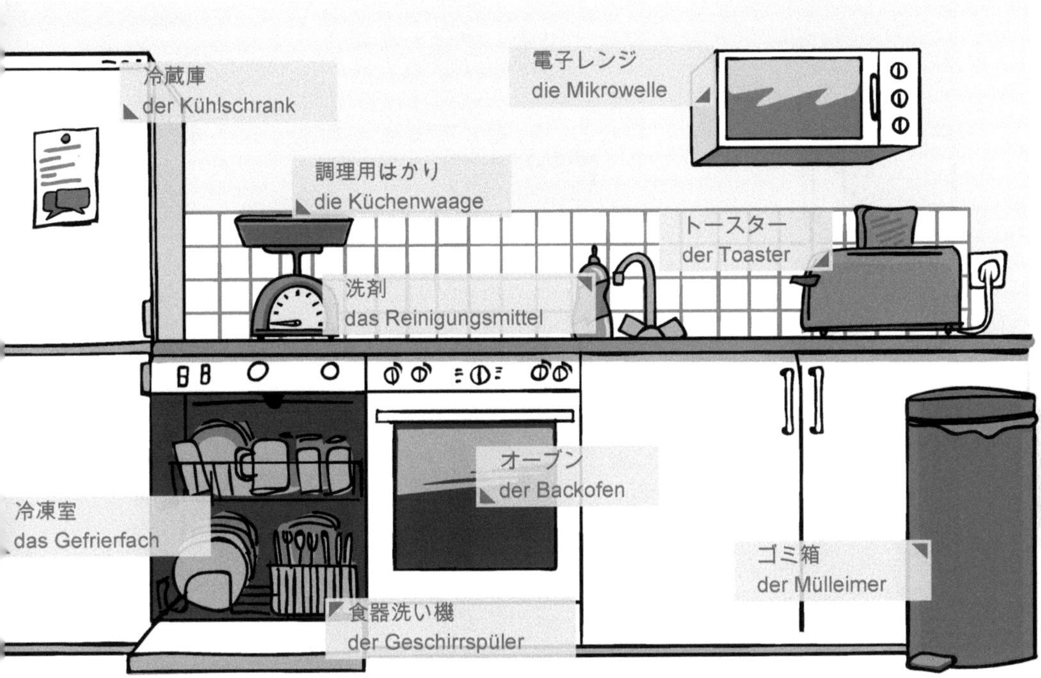

冷蔵庫
der Kühlschrank
電子レンジ
die Mikrowelle
調理用はかり
die Küchenwaage
トースター
der Toaster
洗剤
das Reinigungsmittel
オーブン
der Backofen
冷凍室
das Gefrierfach
ゴミ箱
der Mülleimer
食器洗い機
der Geschirrspüler

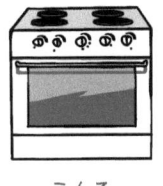

こんろ

der Herd

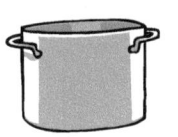

鍋

der Topf

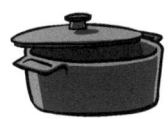

鉄鍋

der Eisentopf

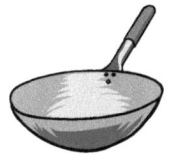

中華鍋/ カダイ鍋

der Wok / Kadai

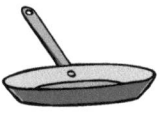

フライパン

die Pfanne

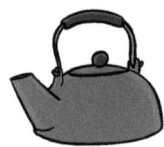

やかん

der Wasserkocher

蒸し器

der Dampfgarer

天板

das Backblech

食器

das Geschirr

マグカップ

der Becher

ボウル

die Schale

箸

die Essstäbchen

おたま

die Suppenkelle

へら

der Pfannenwender

泡立て器

der Schneebesen

こし器

das Kochsieb

ふるい

das Sieb

すりおろし器

die Reibe

すり鉢

der Mörser

バーベキュー

der Grill

かまど

die Feuerstelle

まな板

das Schneidebrett

麺棒

das Nudelholz

栓抜き

der Korkenzieher

缶

die Dose

缶切り

der Dosenöffner

鍋つかみ

der Topflappen

流し

das Waschbecken

ブラシ

die Bürste

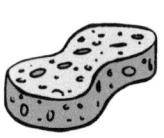

スポンジ

der Schwamm

ミキサー

der Mixer

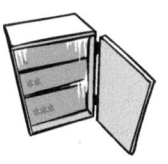

冷凍庫

die Gefriertruhe

哺乳瓶

die Babyflasche

蛇口

der Wasserhahn

浴室
das Badezimmer

ヒーター
die Heizung
タオル
das Handtuch
シャワー
die Dusche
シャワーカーテン
der Duschvorhang
泡風呂
das Schaumbad
浴槽
die Badewanne
グラス
das Glas
洗濯機
die Waschmaschine
蛇口
der Wasserhahn
タイル
die Fliesen
おまる
das Töpfchen
流し
das Waschbecken

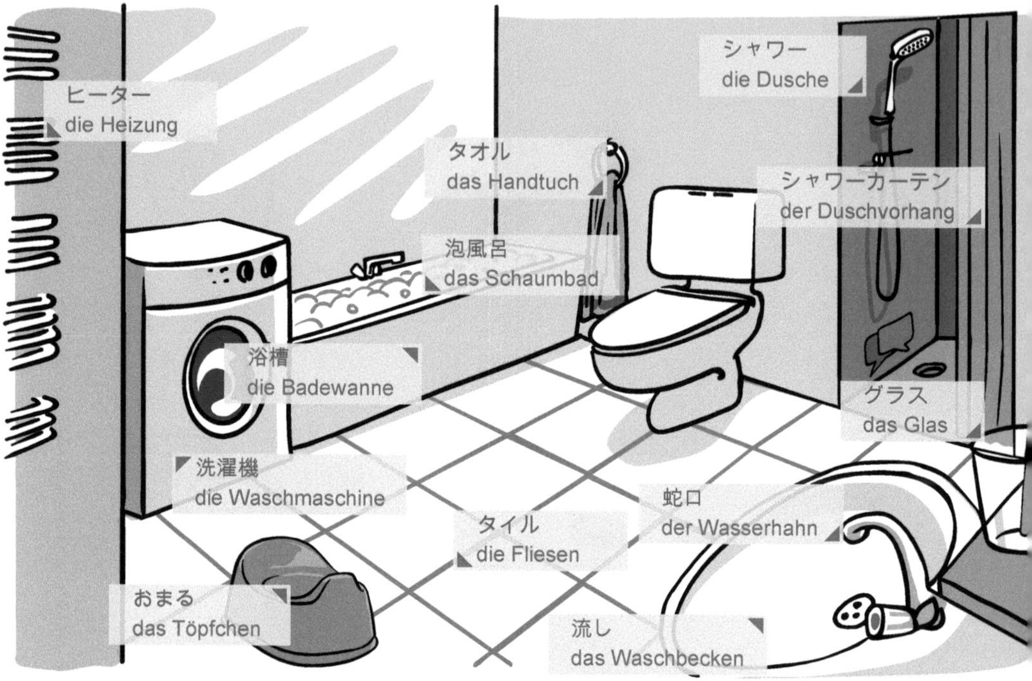

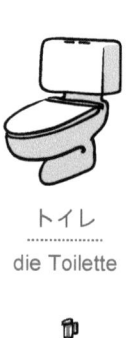

トイレ

die Toilette

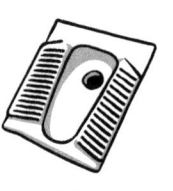

和式トイレ

die Hocktoilette

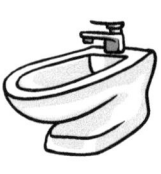

ビデ

das Bidet

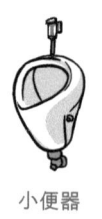

小便器

das Pissoir

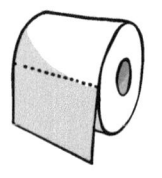

トイレットペーパー

das Toilettenpapier

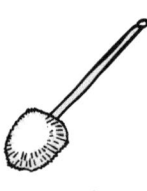

トイレブラシ

die Toilettenbürste

歯ブラシ

die Zahnbürste

歯みがき

die Zahnpasta

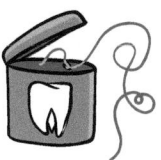

デンタルフロス

die Zahnseide

洗う

waschen

シャワーヘッド

die Handbrause

ハンドビデ

die Intimdusche

洗面台

die Waschschüssel

ボディブラシ

die Rückenbürste

石鹸

die Seife

シャワー用ジェル

das Duschgel

シャンプー

das Shampoo

浴用タオル

der Waschlappen

排水口

der Abfluss

クリーム

die Creme

消臭

das Deodorant

浴室 - das Badezimmer

鏡
der Spiegel

手鏡
der Kosmetikspiegel

かみそり
der Rasierer

シェービング・フォーム
der Rasierschaum

アフターシェーブローショ
das Rasierwasser

櫛
der Kamm

ブラシ
die Bürste

ドライヤー
der Föhn

ヘアスプレー
das Haarspray

化粧
das Makeup

口紅
der Lippenstift

マニキュア
der Nagellack

脱脂綿
die Watte

爪切り
die Nagelschere

香水
das Parfum

洗面用具入れ

der Kulturbeutel

スツール

der Hocker

体重計

die Waage

バスローブ

der Bademantel

ゴム手袋

die Gummihandschuhe

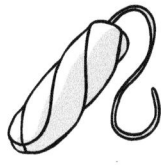

タンポン

das Tampon

生理用ナプキン

die Damenbinde

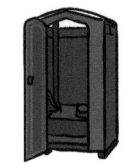

ケミカルトイレ

die Chemietoilette

子供部屋
das Kinderzimmer

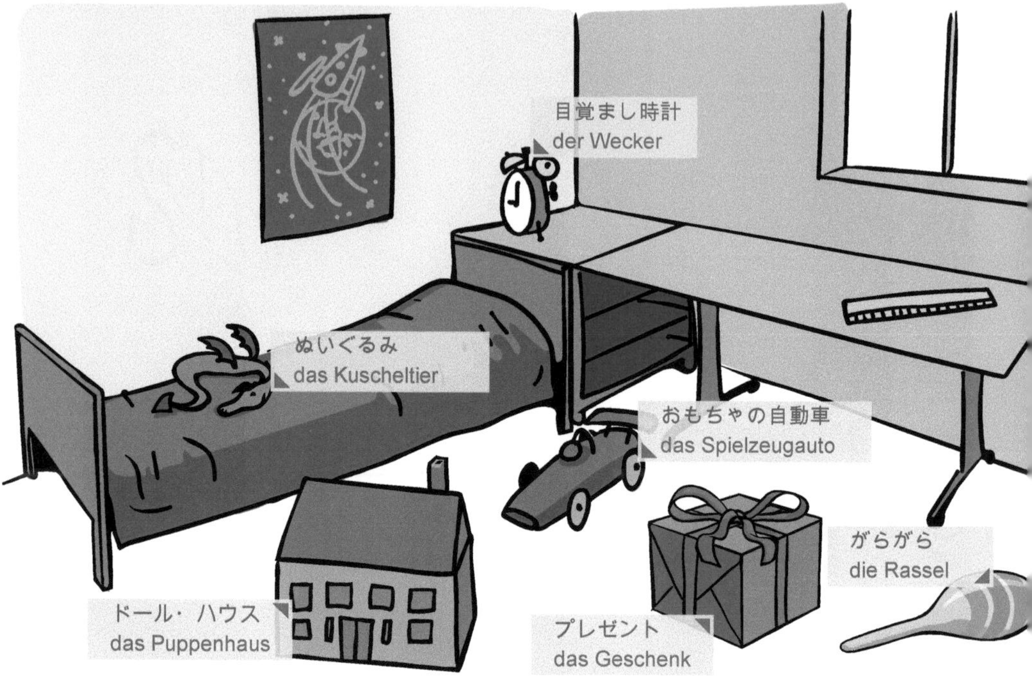
目覚まし時計
der Wecker
ぬいぐるみ
das Kuscheltier
おもちゃの自動車
das Spielzeugauto
がらがら
die Rassel
ドール・ハウス
das Puppenhaus
プレゼント
das Geschenk

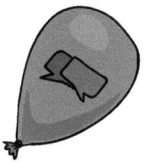

風船

der Ballon

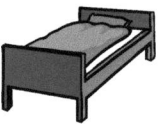

ベッド

das Bett

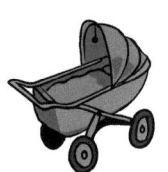

ベビーカー

der Kinderwagen

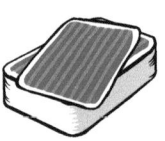

カードゲーム

das Kartenspiel

ジグソーパズル

das Puzzle

SUPER MEGA

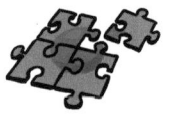

漫画

der Comic

レゴ

die Legosteine

玩具ブロック

die Bausteine

アクションフィギュア

die Action Figur

ロンパース

der Strampelanzug

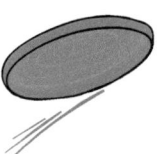

フリスビー

das Frisbee

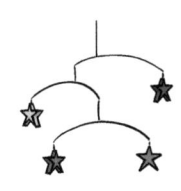

モバイル

das Mobile

ボードゲーム

das Brettspiel

さいころ

der Würfel

鉄道模型

die Modelleisenbahn

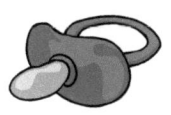

おしゃぶり

der Schnuller

パーティー

die Party

絵本

das Bilderbuch

ボール

der Ball

人形

die Puppe

遊ぶ

spielen

砂場
der Sandkasten

ブランコ
die Schaukel

おもちゃ
das Spielzeug

ゲーム機
die Spielkonsole

三輪車
das Dreirad

テディベア
der Teddy

衣装ダンス
der Kleiderschrank

衣服

die Kleidung

靴下
die Socken

ストッキング
die Strümpfe

タイツ
die Strumpfhose

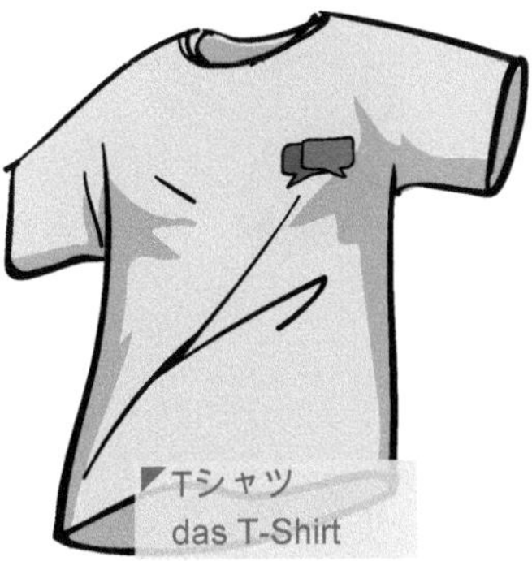

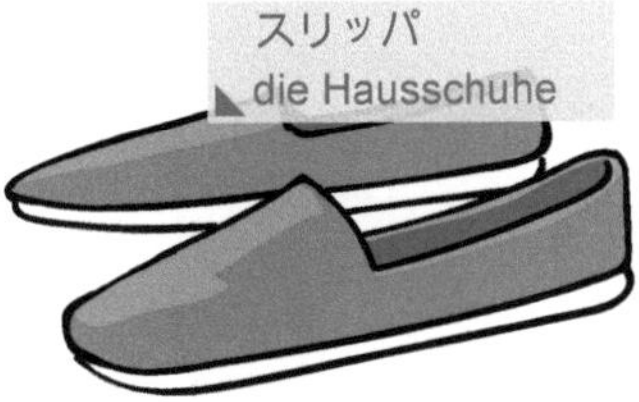

スカーフ
der Schal

ベルト
der Gürtel

雨傘
der Regenschirm

Tシャツ
das T-Shirt

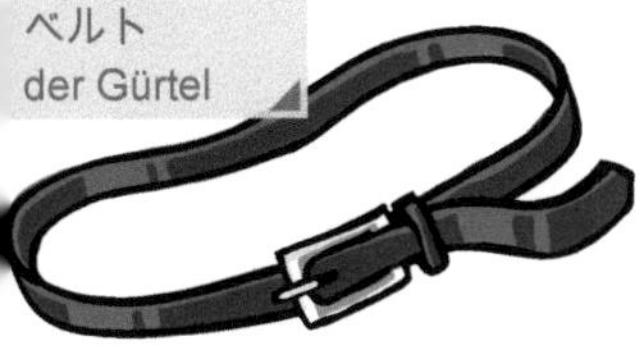

スニーカー
die Turnschuhe

ブーツ
der Stiefel

スリッパ
die Hausschuhe

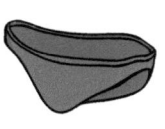

サンダル

die Sandalen

靴

die Schuhe

ゴム長靴

die Gummistiefel

パンツ

die Unterhose

ブラ

der Büstenhalter

ベスト

das Unterhemd

衣服 - die Kleidung

ボディースーツ

der Body

ズボン

die Hose

ジーンズ

die Jeans

スカート

der Rock

ブラウス

die Bluse

シャツ

das Hemd

セーター

der Pullover

パーカー

der Kapuzenpullover

ブレザー

der Blazer

ジャケット

die Jacke

コート

der Mantel

レインコート

der Regenmantel

服装

das Kostüm

ドレス

das Kleid

ウェディングドレス

das Hochzeitskleid

スーツ

der Anzug

ナイトガウン

das Nachthemd

パジャマ

der Schlafanzug

サリー

der Sari

ヘッドスカーフ

das Kopftuch

ターバン

der Turban

ブルカ

die Burka

カフタン

der Kaftan

アバヤ

die Abaya

水着

der Badeanzug

トランクス

die Badehose

½ズボン

die kurze Hose

スウェットスーツ

der Trainingsanzug

エプロン

die Schürze

手袋

die Handschuhe

ボタン

der Knopf

メガネ

die Brille

ブレスレット

das Armband

ネックレス

die Halskette

指輪

der Ring

イヤリング

der Ohrring

帽子

die Mütze

ハンガー

der Kleiderbügel

帽子

der Hut

ネクタイ

die Krawatte

ファスナー

der Reißverschluss

ヘルメット

der Helm

サスペンダー

der Hosenträger

制服

die Schuluniform

ユニフォーム

die Uniform

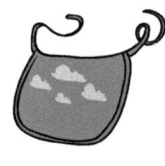

よだれかけ

das Lätzchen

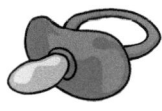

おしゃぶり

der Schnuller

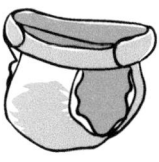

おむつ

die Windel

オフィス

das Büro

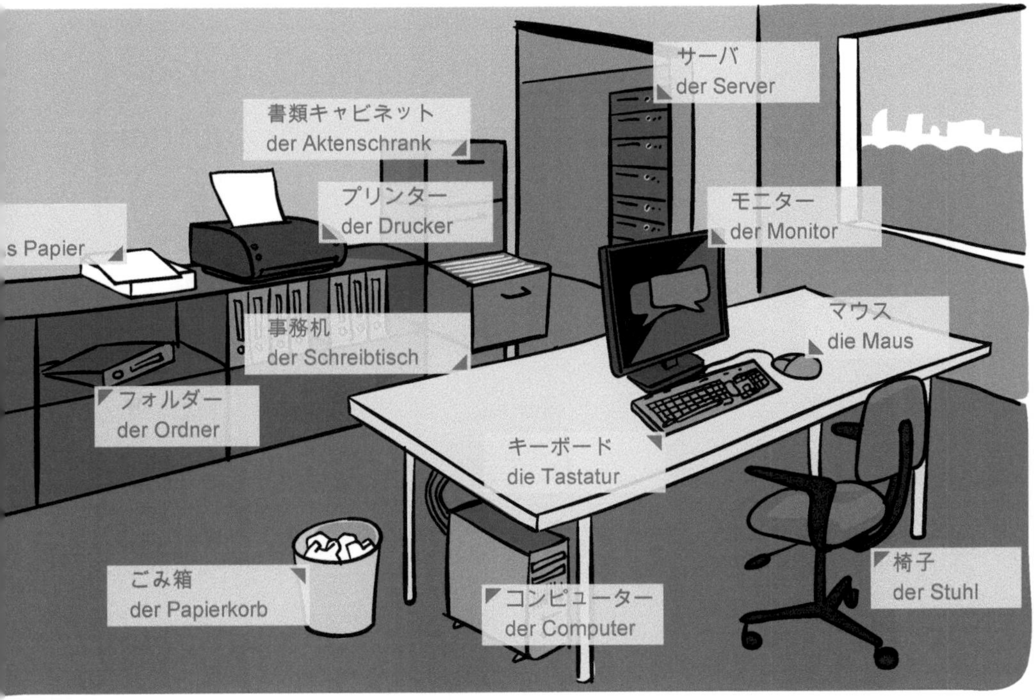

サーバ
der Server
書類キャビネット
der Aktenschrank
プリンター
der Drucker
s Papier
モニター
der Monitor
マウス
die Maus
事務机
der Schreibtisch
フォルダー
der Ordner
キーボード
die Tastatur
ごみ箱
der Papierkorb
コンピューター
der Computer
椅子
der Stuhl

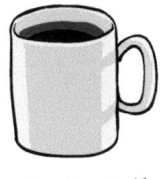

コーヒーマグ

der Kaffeebecher

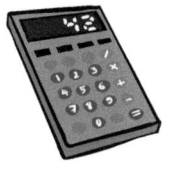

計算機

der Taschenrechner

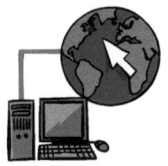

インターネット

das Internet

ラップトップ

der Laptop

手紙

der Brief

メッセージ

die Nachricht

携帯電話

das Handy

ネットワーク

das Netzwerk

コピー機

der Kopierer

ソフトウェア

die Software

電話

das Telefon

コンセント

die Steckdose

ファックス

das Fax

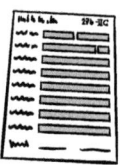

フォーム

das Formular

書類

das Dokument

die Wirtschaft

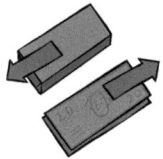

買う

kaufen

支払う

bezahlen

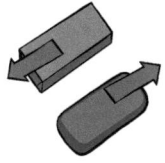

取引する

handeln

お金

das Geld

ドル

der Dollar

ユーロ

der Euro

円

der Yen

ルーブル

der Rubel

スイスフラン

der Franken

人民元

der Renminbi Yuan

ルピー

die Rupie

キャッシュポイント

der Geldautomat

両替所
die Wechselstube

金
das Gold

銀
das Silber

油
das Öl

エネルギー
die Energie

価格
der Preis

契約
der Vertrag

税金
die Steuer

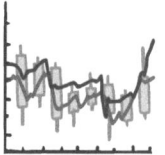

株
die Aktie

働く
arbeiten

従業員
der Angestellte

雇用主
der Arbeitgeber

工場
die Fabrik

ショップ
das Geschäft

職業

die Berufe

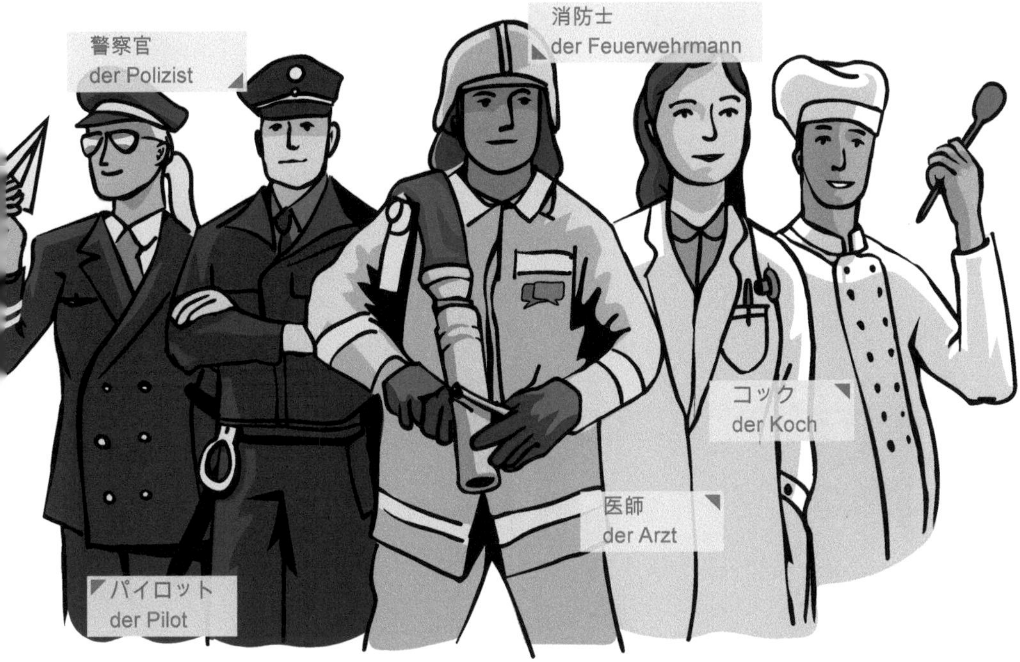

警察官
der Polizist
消防士
der Feuerwehrmann
コック
der Koch
医師
der Arzt
パイロット
der Pilot

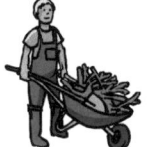

庭師

der Gärtner

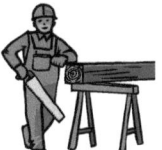

大工

der Tischler

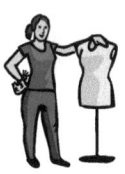

お針子

die Näherin

裁判官

der Richter

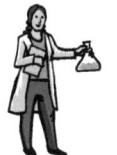

化学者

der Chemiker

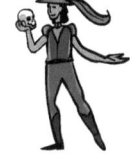

俳優

der Schauspieler

バスの運転手

der Busfahrer

タクシー運転手

der Taxifahrer

漁師

der Fischer

掃除婦

die Putzfrau

屋根ふき職人

der Dachdecker

ウェイター

der Kellner

ハンター

der Jäger

塗装工

der Maler

パン屋

der Bäcker

電気工

der Elektriker

建設作業員

der Bauarbeiter

エンジニア

der Ingenieur

肉屋

der Schlachter

配管工

der Klempner

郵便配達人

der Postbote

軍人
der Soldat

建築家
der Architekt

レジ係
der Kassierer

花屋
der Florist

美容師
der Friseur

車掌
der Schaffner

機械工
der Mechaniker

キャプテン
der Kapitän

歯科医
der Zahnarzt

科学者
der Wissenschaftler

ラビ
der Rabbi

イスラム導師
der Imam

修道士
der Mönch

牧師
der Geistliche

職業 - die Berufe

道具

die Werkzeuge

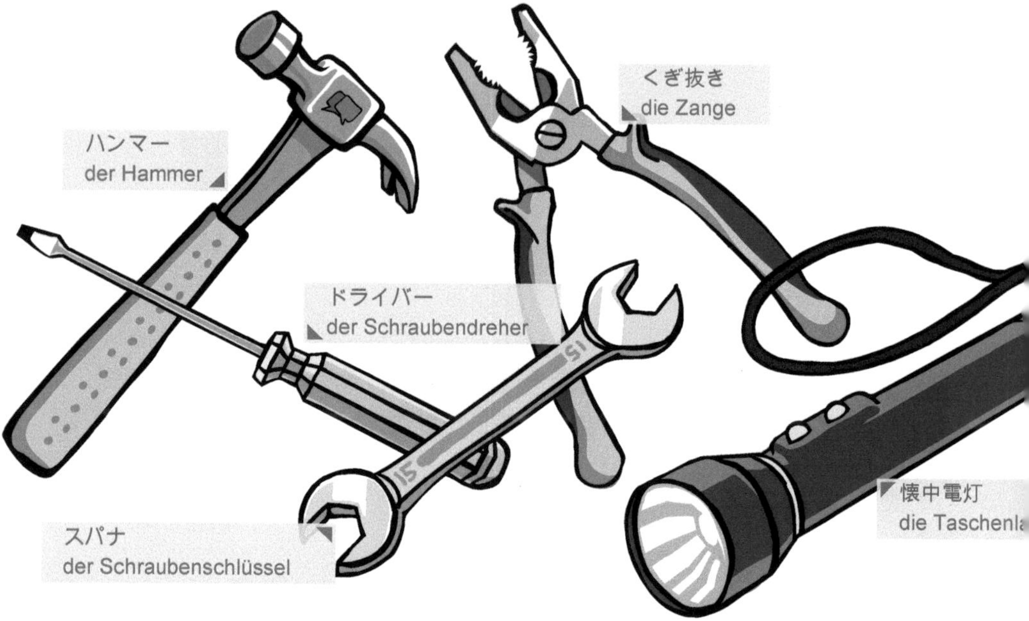

ハンマー
der Hammer
くぎ抜き
die Zange
ドライバー
der Schraubendreher
スパナ
der Schraubenschlüssel
懐中電灯
die Taschenl

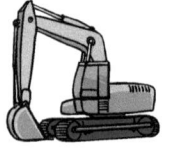

掘削機

der Bagger

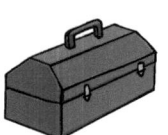

道具箱

der Werkzeugkasten

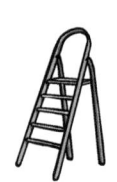

はしご

die Leiter

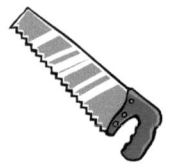

のこぎり

die Säge

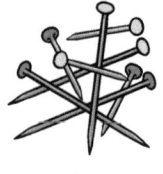

釘

die Nägel

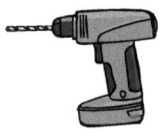

ドリル

der Bohrer

修理する
reparieren

シャベル
die Schaufel

クソ！
Mist!

ちりとり
das Kehrblech

ペンキ缶
der Farbtopf

ネジ
die Schrauben

楽器

die Musikinstrumente

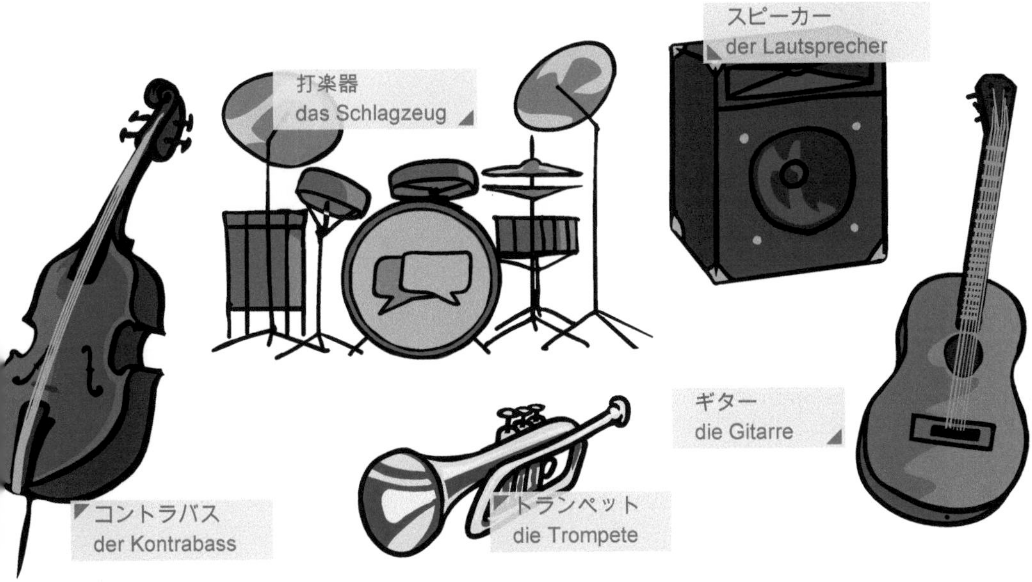

打楽器
das Schlagzeug

スピーカー
der Lautsprecher

ギター
die Gitarre

コントラバス
der Kontrabass

トランペット
die Trompete

ピアノ

das Klavier

バイオリン

die Violine

バス

der Bass

ティンパニ

die Pauke

ドラム

die Trommeln

キーボード

das Keyboard

サックス

das Saxophon

フルート

die Flöte

マイクロフォン

das Mikrofon

動物園

der Zoo

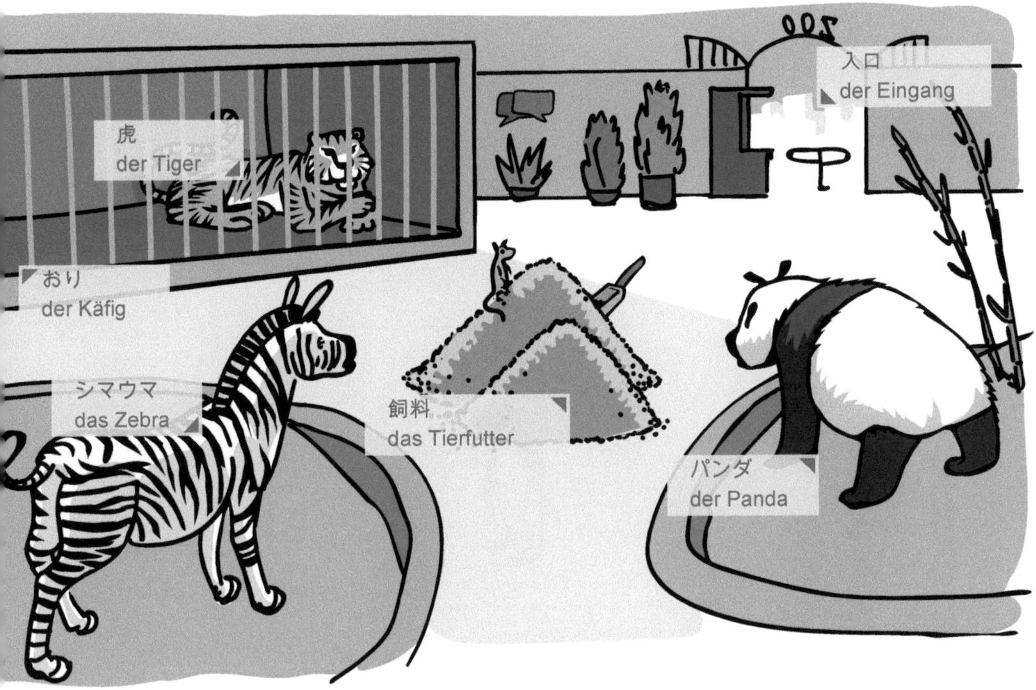

虎
der Tiger
入口
der Eingang
おり
der Käfig
シマウマ
das Zebra
飼料
das Tierfutter
パンダ
der Panda

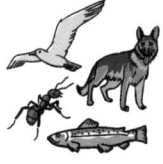

動物

die Tiere

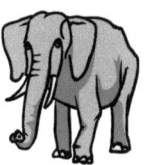

象

der Elefant

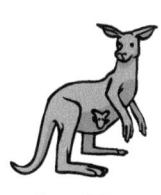

カンガルー

das Känguruh

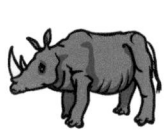

サイ

das Nashorn

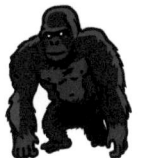

ゴリラ

der Gorilla

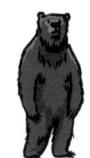

熊

der Bär

ラクダ

das Kamel

ダチョウ

der Strauß

ライオン

der Löwe

猿

der Affe

フラミンゴ

der Flamingo

オウム

der Papagei

白クマ

der Eisbär

ペンギン

der Pinguin

サメ

der Hai

クジャク

der Pfau

蛇

die Schlange

ワニ

das Krokodil

飼育係

der Zoowärter

アザラシ

die Robbe

ジャガー

der Jaguar

ポニー
das Pony

ヒョウ
der Leopard

カバ
das Nilpferd

キリン
die Giraffe

鷲
der Adler

雄豚
das Wildschwein

魚
der Fisch

亀
die Schildkröte

セイウチ
das Walross

狐
der Fuchs

ガゼル
die Gazelle

アメフト
das American Football

サイクリング
das Radfahren

テニス
das Tennis

バスケットボール
der Basketball

水泳
das Schwimmen

ボクシング
das Boxen

アイスホッケー
das Eishockey

サッカー
der Fußball

バドミントン
das Badminton

陸上競技
die Leichtathletik

ハンドボール
der Handball

スキー
das Skilaufen

ポロ
das Polo

跳ぶ
springen

笑う
lachen

抱きしめる
umarmen

歩く
gehen

歌う
singen

夢見る
träumen

祈る
beten

キス
küssen

書く
schreiben

描く
zeichnen

示す
zeigen

押す
drücken

与える
geben

取る
nehmen

持っている
haben

する
tun

ある
sein

立つ
stehen

走る
laufen

引く
ziehen

投げる
werfen

落ちる
fallen

横たわっている
liegen

待つ
warten

運ぶ
tragen

座る
sitzen

着る
anziehen

眠る
schlafen

目が覚める
aufwachen

見る

ansehen

泣く

weinen

なでる

streicheln

櫛ですく

kämmen

話す

reden

理解する

verstehen

質問する

fragen

聞く

hören

飲む

trinken

食べる

essen

片づける

aufräumen

愛する

lieben

料理する

kochen

運転する

fahren

飛ぶ

fliegen

ヨットに乗る
segeln

計算する
rechnen

読む
lesen

学ぶ
lernen

働く
arbeiten

結婚する
heiraten

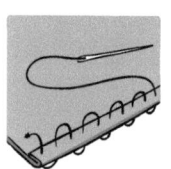

縫う
nähen

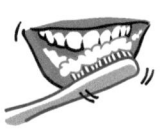

歯を磨く
Zähne putzen

殺す
töten

喫煙する
rauchen

送る
senden

die Familie

Großmutter

祖父
der Großvater

父
der Vater

母
die Mutter

赤ん坊
das Baby

娘
die Tochter

息子
der Sohn

お客様
der Gast

おば
die Tante

おじ
der Onkel

兄弟
der Bruder

姉妹
die Schwester

体
der Körper

ひたい
die Stirn
目
das Auge
肩
die Schulter
指
der Finger
顔
das Gesicht
あご
das Kinn
手
die Hand
脚
das Bein
胸
die Brust
腕
der Arm

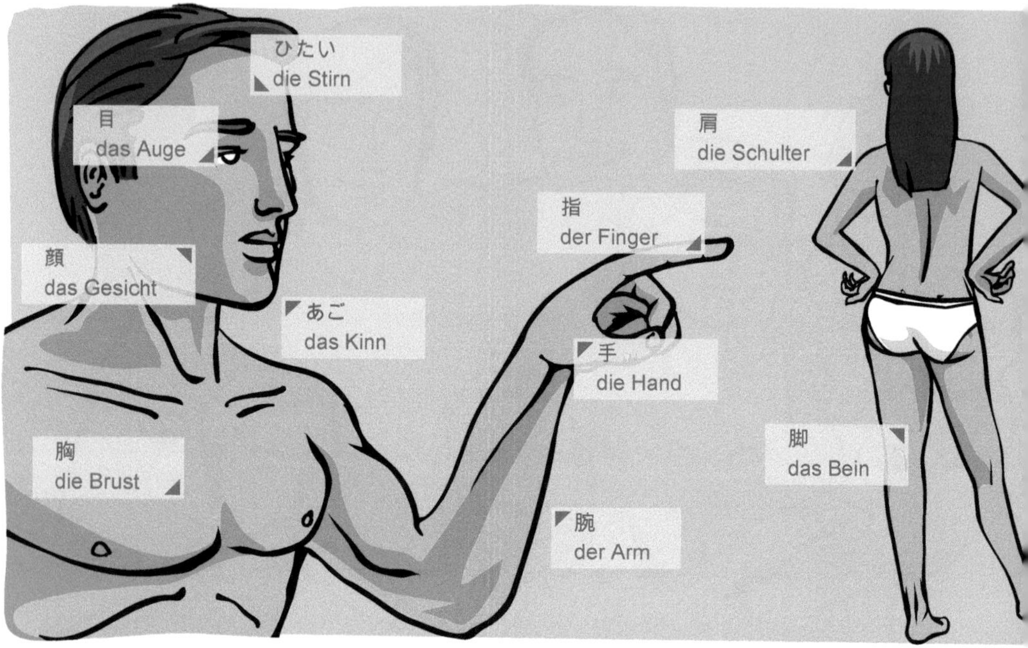

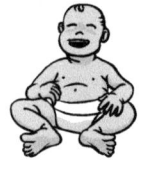

赤ん坊
das Baby

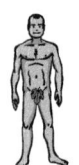

男性
der Mann

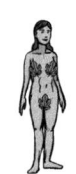

女性
die Frau

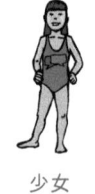

少女
das Mädchen

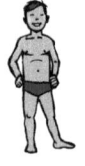

少年
der Junge

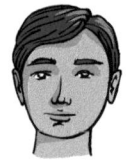

頭
der Kopf

背中
der Rücken

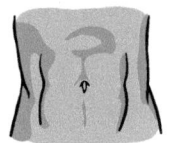

腹
der Bauch

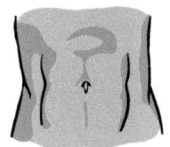

へそ
der Nabel

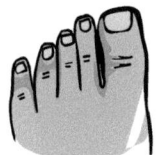

足指
der Zeh

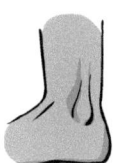

かかと
die Ferse

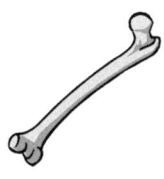

骨
der Knochen

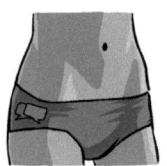

腰
die Hüfte

ひざ
das Knie

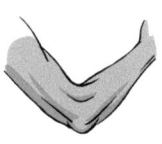

ひじ
der Ellenbogen

鼻
die Nase

尻
das Gesäß

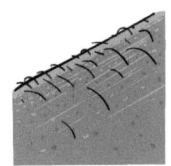

皮膚
die Haut

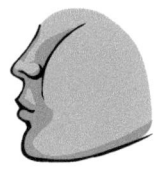

頬
die Wange

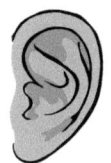

耳
das Ohr

唇
die Lippe

体 - der Körper

口
der Mund

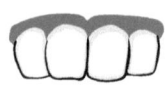

歯
der Zahn

舌
die Zunge

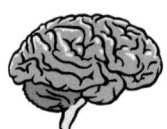

脳
das Gehirn

心臓
das Herz

筋肉
der Muskel

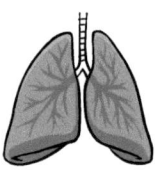

肺
die Lunge

肝臓
die Leber

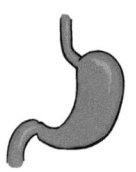

胃
der Magen

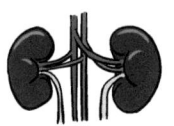

腎臓
die Nieren

セックス
der Geschlechtsverkehr

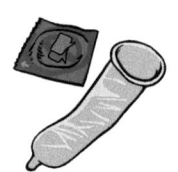

コンドーム
das Kondom

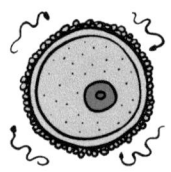

卵細胞
die Eizelle

精液
das Sperma

妊娠
die Schwangerschaft

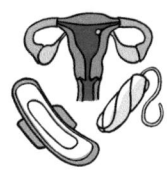

月経

die Menstruation

膣

die Vagina

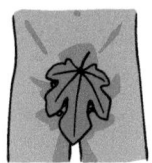

ペニス

der Penis

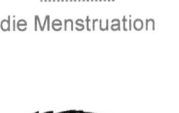

眉

die Augenbraue

髪

das Haar

首

der Hals

体 - der Körper

病院

das Krankenhaus

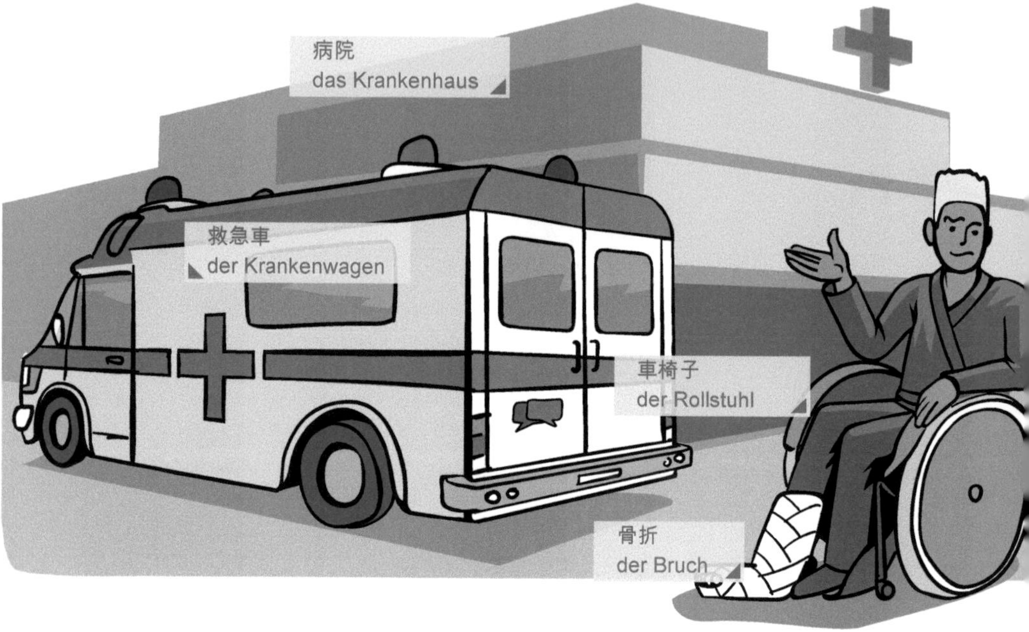

病院
das Krankenhaus
救急車
der Krankenwagen
車椅子
der Rollstuhl
骨折
der Bruch

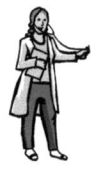

医師

der Arzt

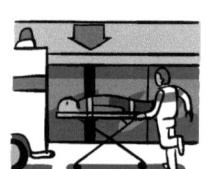

救急治療室

die Notaufnahme

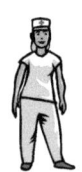

看護師

die Krankenschwester

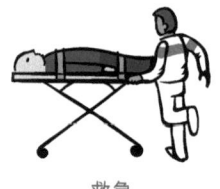

救急

der Notfall

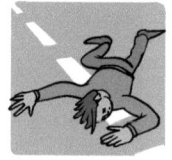

失神

ohnmächtig

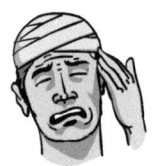

痛み

der Schmerz

けが
die Verletzung

出血
die Blutung

心臓発作
der Herzinfarkt

脳卒中
der Schlaganfall

アレルギー
die Allergie

咳
der Husten

熱
das Fieber

インフルエンザ
die Grippe

下痢
der Durchfall

頭痛
die Kopfschmerzen

癌
der Krebs

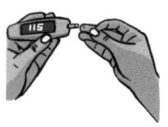

糖尿病
die Diabetis

外科医
der Chirurg

外科用メス
das Skalpell

手術
die Operation

病院 - das Krankenhaus

CT
das CT

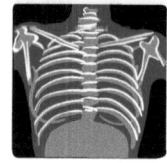

レントゲン
das Röntgen

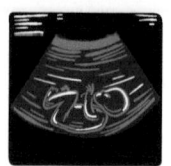

超音波
das Ultraschall

マスク
die Maske

病気
die Krankheit

待合室
das Wartezimmer

松葉づえ
die Krücke

ばんそうこう
das Pflaster

包帯
der Verband

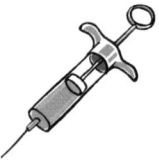

注射
die Injektion

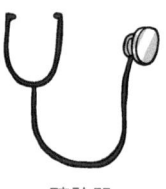

聴診器
das Stethoskop

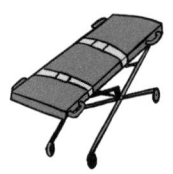

担架
die Trage

体温計
das Thermometer

出産
die Geburt

肥満
das Übergewicht

補聴器
das Hörgerät

消毒剤
das Desinfektionsmittel

感染
die Infektion

ウイルス
das Virus

HIV / エイズ
das HIV / AIDS

内服薬
die Medizin

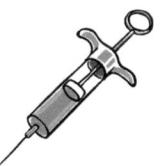

予防接種
die Impfung

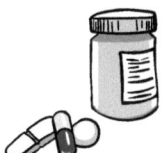

錠剤
die Tabletten

ピル
die Pille

緊急電話
der Notruf

血圧計
das Blutdruck-Messgerät

病気の ／ 健康な
krank / gesund

助けて！

Hilfe!

アラーム

der Alarm

暴行

der Überfall

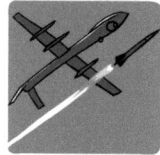

攻撃

der Angriff

危険

die Gefahr

非常口

der Notausgang

火事だ！

Feuer!

消火器

der Feuerlöscher

事故

der Unfall

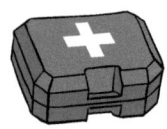

救急箱

der Erste-Hilfe-Koffer

SOS

SOS

警察

die Polizei

ヨーロッパ

das Europa

北米

das Nordamerika

南米

das Südamerika

アフリカ

das Afrika

アジア

das Asien

オーストラリア

das Australien

大西洋

der Atlantik

太平洋

der Pazifik

インド洋

der Indische Ozean

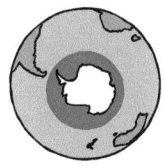

南極海

er Antarktische Ozean

北極海

der Arktische Ozean

北極

der Nordpol

南極
der Südpol

南極大陸
die Antarktis

地球
die Erde

陸
das Land

海
das Meer

島
die Insel

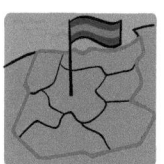

国家
die Nation

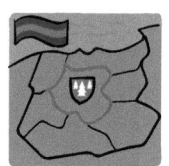

国家
der Staat

文字盤

das Zifferblatt

短針

der Stundenzeiger

長針

der Minutenzeiger

秒針

der Sekundenzeiger

何時ですか？

Wie spät ist es?

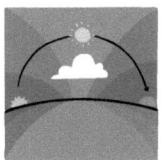

日

der Tag

時間

die Zeit

現在

jetzt

デジタル時計

die Digitaluhr

分

die Minute

時間

die Stunde

週

die Woche

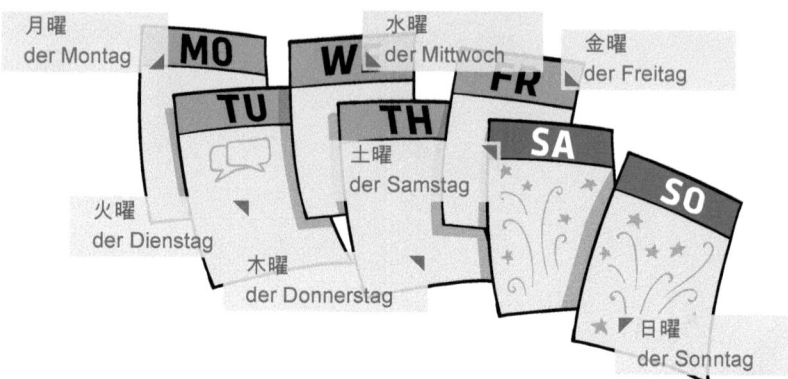

月曜
der Montag

水曜
der Mittwoch

金曜
der Freitag

火曜
der Dienstag

木曜
der Donnerstag

土曜
der Samstag

日曜
der Sonntag

昨日
gestern

今日
heute

明日
morgen

朝
der Morgen

昼
der Mittag

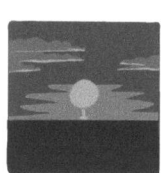

夜
der Abend

MO	TU	WE	TH	FR	SA	SU
1	2	3	4	5	6	7
8	9	10	11	12	13	14
15	16	17	18	19	20	21
22	23	24	25	26	27	28
29	30	31	1	2	3	4

営業日
die Arbeitstage

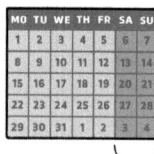

週末
das Wochenende

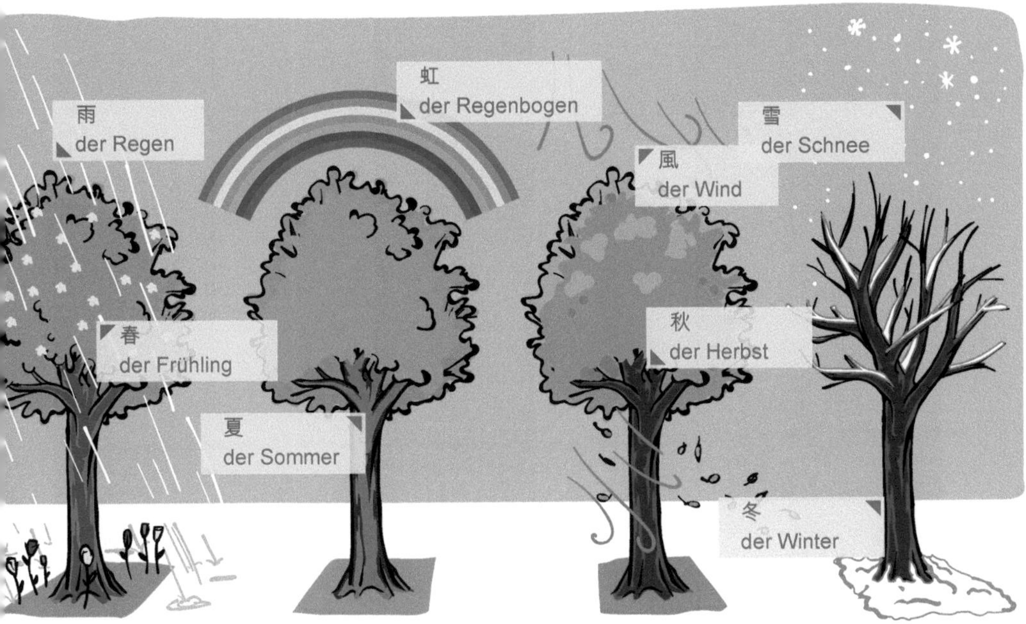

das Jahr

雨
▶ der Regen

虹
▶ der Regenbogen

雪
der Schnee

風
der Wind

春
der Frühling

秋
▶ der Herbst

夏
der Sommer

冬
der Winter

天気予報
die Wettervorhersage

4.APRIL	11°	
5.APRIL	4°	
6.APRIL	13°	
7.APRIL	8°	
8.APRIL	10°	

温度計
das Thermometer
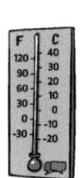

日差し
der Sonnenschein

雲
die Wolke

霧
der Nebel

湿度
die Luftfeuchtigkeit

雷
....
der Blitz

雷
....
der Donner

嵐
....
der Sturm

ひょう
....
der Hagel

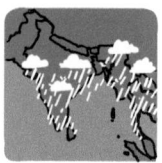

季節風
....
der Monsun

洪水
....
die Flut

氷
....
das Eis

1月
....
der Januar

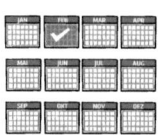

2月
....
der Februar

3月
....
der März

4月
....
der April

5月
....
der Mai

6月
....
der Juni

7月
....
der Juli

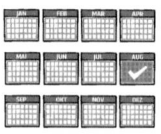

8月
....
der August

年 - das Jahr

9月
....
der September

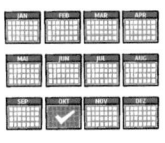

10月
....
der Oktober

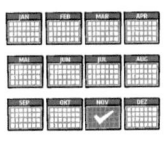

11月
....
der November

12月
....
der Dezember

形

die Formen

円
....
der Kreis

正方形
....
das Quadrat

長方形
....
das Rechteck

三角
....
das Dreieck

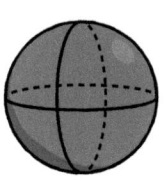

球
....
die Kugel

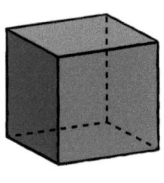

立方体
....
der Würfel

die Farben

白

weiß

黄

gelb

オレンジ

orange

ピンク

pink

赤

rot

紫

lila

青

blau

緑

grün

茶

braun

灰色

grau

黒

schwarz

die Gegenteile

多い / 少ない
....
viel / wenig

怒っている /
落ち着いている
wütend / friedlich

美しい / 醜い
....
hübsch / hässlich

初め / 終わり
....
er Anfang / das Ende

大きい / 小さい
....
groß / klein

明るい / 暗い
....
hell / dunkel

兄弟 / 姉妹
....
Bruder / die Schwester

清潔な / 汚い
....
sauber / schmutzig

完全な / 不完全な
....
vollständig / unvollständig

日中 / 夜
....
der Tag / die Nacht

死んだ / 生きている
....
tot / lebendig

幅広い / 狭い
....
breit / schmal

食べられる /
食べられない
genießbar / ungenießbar

悪意のある / 親切な
böse / freundlich

興奮している /
退屈じている
aufgeregt / gelangweilt

太った / 痩せた
dick / dünn

最初に / 最後に
zuerst / zuletzt

友人 / 敵
der Freund / der Feind

いっぱいの / 空の
voll / leer

硬い / 柔らかい
hart / weich

重い / 軽い
schwer / leicht

空腹 / 喉の渇き
der Hunger / der Durst

病気の / 健康な
krank / gesund

違法な / 合法な
illegal / legal

賢い / 愚かな
intelligent / dumm

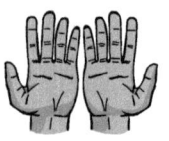

左に / 右に
links / rechts

近い / 遠い
nah / fern

新しい ／ 中古の

neu / gebraucht

何もない ／ 何かある

nichts / etwas

老いた ／ 若い

alt / jung

オン ／ オフ

an / aus

開いている ／
閉まっている

offen / geschlossen

静かな ／ うるさい

leise / laut

裕福な ／ 貧乏な

reich / arm

正しい ／間違っている

richtig / falsch

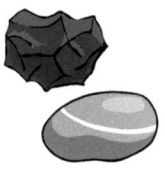

粗い ／ なめらか

rau / glatt

悲しい ／ 幸せな

traurig / glücklich

短い ／ 長い

kurz / lang

ゆっくり ／ 速い

langsam / schnell

濡れた ／ 乾いた

nass / trocken

温かい ／ 冷たい

warm / kühl

戦争 ／ 平和

der Krieg / der Frieden

die Zahlen

0

ゼロ

null

1

1

eins

2

2

zwei

3

3

drei

4

4

vier

5

5

fünf

6

6

sechs

7

7

sieben

8

8

acht

9

9

neun

10

10

zehn

11

11

elf

12

12

zwölf

13

13

dreizehn

14

14

vierzehn

15

15

fünfzehn

16

16

sechzehn

17

17

siebzehn

18

18

achtzehn

19

19

neunzehn

20

20

zwanzig

100

100

hundert

1.000

1000

tausend

1.000.000

100万

million

数 - die Zahlen

英語
Englisch

アメリカ英語
Amerikanisches Englisch

中国標準語
Chinesisch Mandarin

ヒンディー語
Hindi

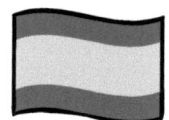

スペイン語
Spanisch

フランス語
Französisch

アラビア語
Arabisch

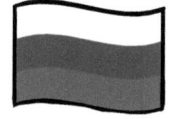

ロシア語
Russisch

ポルトガル語
Portugiesisch

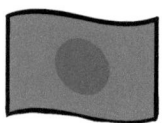

ベンガル語
Bengalisch

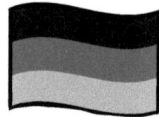

ドイツ語
Deutsch

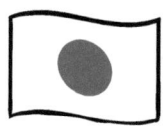

日本語
Japanisch

私
ich

あなた
du

♂ ♀ ○

彼 / 彼女 / それ
er / sie / es

私たち
wir

あなたたち
ihr

彼ら
sie

誰？
wer?

何？
was?

どうやって？
wie?

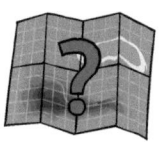

どこ？
wo?

いつ？
wann?

HELLO, I AM

名前
Name

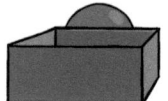

後ろ

hinter

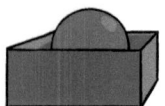

中

in

前

vor

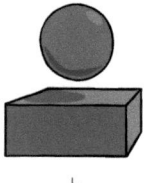

上

über

上

auf

下

unter

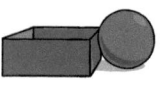

横

neben

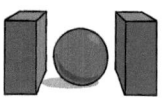

間

zwischen

場所

der Ort